Gestión Del Tiempo

Cómo Ser Más Productivo

(Obtén Más Por Tus Esfuerzos Ahora Mismo)

Dinorah Romero

Publicado Por Daniel Heath

© Dinorah Romero

Todos los derechos reservados

Gestión Del Tiempo: Cómo Ser Más Productivo (Obtén Más Por Tus Esfuerzos Ahora Mismo)

ISBN 978-1-989853-99-3

Este documento está orientado a proporcionar información exacta y confiable con respecto al tema y asunto que trata. La publicación se vende con la idea de que el editor no esté obligado a prestar contabilidad, permitida oficialmente, u otros servicios cualificados. Si se necesita asesoramiento, legal o profesional, debería solicitar a una persona con experiencia en la profesión.

Desde una Declaración de Principios aceptada y aprobada tanto por un comité de la American Bar Association (el Colegio de Abogados de Estados Unidos) como por un comité de editores y asociaciones.

No se permite la reproducción, duplicado o transmisión de cualquier parte de este documento en cualquier medio electrónico o formato impreso. Se prohíbe de forma estricta la grabación de esta publicación así como tampoco se permite cualquier almacenamiento de este documento sin permiso escrito del editor. Todos los derechos reservados.

Se establece que la información que contiene este documento es veraz y coherente, ya que cualquier responsabilidad, en términos de falta de atención o de otro tipo, por el uso o abuso de cualquier política, proceso o dirección contenida en este documento será responsabilidad exclusiva y absoluta del lector receptor. Bajo ninguna circunstancia se hará responsable o culpable de forma legal al editor por cualquier reparación, daños o pérdida monetaria debido a la información aquí contenida, ya sea de forma directa o indirectamente.

Los respectivos autores son propietarios de todos los derechos de autor que no están en posesión del editor.

La información aquí contenida se ofrece únicamente con fines informativos y, como tal, es universal. La presentación de la información se realiza sin contrato ni ningún tipo de garantía.

Las marcas registradas utilizadas son sin ningún tipo de consentimiento y la publicación de la marca registrada es sin el permiso o respaldo del propietario de esta. Todas las marcas registradas y demás marcas incluidas en este libro son solo para fines de aclaración y son propiedad de los mismos propietarios, no están afiliadas a este documento.

TABLE OF CONTENTS

Parte 1 1
INTRODUCCIÓN 2
Pérdidas de Tiempo en la Vida 5
La Procrastinación 7
El Miedo al Fracaso 8
Adicción al Último Minuto 8
La No Disposición por un Trabajo en Particular 9
Una Tarea Abrumadora 9
Hablar Demasiado Antes de los Logros 10
Distracciones No Deseadas 11
Perfeccionismo 11
Otras Pérdidas de Tiempo Comunes 12
Aseo Personal Excesivo 12
Jugar a Juegos Online 12
Desplazamientos Innecesarios 13
Compras Online 13
Utilizar tu Teléfono Móvil Excesivamente 14
Establece Tus Prioridades Claramente 15
Mantén un Registro del Tiempo 16
La Matriz de las Prioridades 19
Cómo Seguir la Matriz 21
La Planificación y la Organización son las Claves 22
Haz un Mapa Mental del Día Entero 23
Escribe el Plan Entero para el Día 23
Ten un Colchón de Tiempo 24
Revisa al Final 25

Herramientas de Planificación.................................. 25
Organización 26
Deshazte del Desorden en tu Vida........................ 27
La Parte del "Cómo" al Hacer.............................. 28
Obtén Ayuda de Otras Personas........................... 28
El Concepto de Gestión de la Energía................... 29
Conviértete en el Amo de tu Propio Tiempo 31
Delegación para laDedicación.............................. 33
Deja de HacerVariasTareas a la Vez..................... 34
Definiendo el Multi-tasking 35
Cómo las Interrupciones Disminuyen la Productividad..... 36
Ten Buena Salud para Mantenerte Concentrado 37
Alimento para la Mente 38
Programar la Relajación 38
Conclusión.. 40
Parte 2... 41
Introducción 42
Capítulo 1: ¡Todo sobre la gestión del tiempo! 45
Capítulo 2: Lo esencial de la gestión del tiempo........... 52
Análisis de Pareto 58
Programación inversa 62
En conclusión a este capítulo 67
Capítulo 3: Uso de la tecnología para administrar el tiempo
.... 68
Planificación y organización 68
Lista de tareas pendientes.................................... 69
Gestión de correo electrónico.............................. 72
Vigilancia 73

En conclusión a este capítulo 74
Capítulo 4: "¡Algunos consejos finales!" 75
¡Sigue una rutina diaria! 75
¡La cura para la dilación está en ser activo! 76
Eliminar las pérdidas de tiempo 76
¡ATENCIÓN! 78
¡Guarda tiempo para tí! 79
¡Aprende a decir no! 80
¡Mantenerse sano! 80
¡Mantenlo limpio! 81
¡Ama tu trabajo! 82
Conclusión 86

Parte 1

INTRODUCCIÓN

Quiero darte las gracias por descargar el libro.
Este libro tiene pasos y estrategias prácticas para gestionar tu tiempo de forma efectiva.
¿Siempre tienes la sensación de estar con prisa?, ¿estás cansado de estar siempre atrasado en tus proyectos?, ¿estás cansado de nunca llegar a tiempo al cumpleaños de tu hijo?, ¿tienes tantas cosas que hacer que te gustaría que el día tuviera más horas?, ¿quieres ser eficaz en la buena gestión de tu tiempo y acabar siempre tus tareas a tiempo? Si has respondido afirmativamente a todas o a la mayoría de las preguntas, estás en el lugar adecuado. Lo que necesitas entender es que la gestión del tiempo no es un proceso sino un hábito. Sin embargo, se precisa mucha dedicación y persistencia para inculcar este hábito en la vida diaria. Cuando respetas el tiempo, serás recompensado con buena salud,

prosperidad y riqueza, y exactamente lo contrario si no lo haces.

Con la ayuda de este libro, conocerás aquellas cosas que te hacen perder el tiempo en tu vida. También conocerás los métodos y estrategias con cuya ayuda gestionarás bien tu tiempo y aumentarás la productividad global en tu área escogida.

Gracias de nuevo por descargar este libro, ¡espero que lo disfrutes!

☐ Copyright 2014 –Todos los derechosreservados.

Este documento está orientado a proporcionar información exacta y confiable con respecto al tema y a la cuestión cubiertos. La publicación se vende con la idea de que el editor no está obligado a prestar servicios justificados, oficialmente permitidos u otros cualificados. Si el consejo legal o profesional es necesario, debe ordenarse a una persona con experiencia en la profesión.

-De una Declaración de Principios

que fue aceptada y aprobada igualmente por un Comité del Colegio de Abogados Americano y un Comité de Editores y Asociaciones.

Bajo ningún concepto es legal reproducir, duplicar o transmitir cualquier parte de este documento, ya sea por medios electrónicos o en formato impreso. La grabación de esta publicación está estrictamente prohibida y ningún almacenamiento de este documento está permitido a menos que tenga un permiso por escrito del editor. Todos los derechos reservados.

La información proporcionada en este documento se considera veraz y coherente, ya que cualquier responsabilidad, en términos de falta de atención o de otro tipo, por el uso o abuso de cualquier política, proceso o dirección contenida en este documento, es responsabilidad exclusiva y absoluta del lector. Bajo ninguna circunstancia se hará responsable o culpable legalmente al editor por cualquier reparación, daño o pérdida monetaria debida a la información aquí contenida, ya sea directa o indirectamente.

Los autores respectivos son propietarios de todos los derechos de autor no mantenidos por el editor.

La información aquí contenida se ofrece únicamente con fines informativos, y es universal como tal. La presentación de la información se realiza sin contrato ni ningún tipo de garantía.

Las marcas registradas que se utilizan son sin ningún tipo de consentimiento, y la publicación de la marca registrada es sin el permiso o respaldo del propietario de la marca registrada. Todas las marcas registradas y marcas incluidas en este libro son solo para fines de aclaración y son propiedad de los mismos propietarios, no están afiliadas a este documento.

Pérdidas de Tiempo en la Vida

Para saber cómo utilizar tu tiempo

de la mejor manera, necesitarás aprender la habilidad de identificar aquellas cosas que te hacen perder el tiempo. Entonces, ¿qué son estas pérdidas de tiempo? En un término muy simple, son aquellas acciones inmateriales que llevamos a cabo a diario, que ocupan una gran parte de nuestro preciado tiempo pero que no producen ningún resultado relevante. Lo más importante a destacar aquí es que están tan arraigadas en nuestra vida diaria que ni siquiera las consideramos pérdidas de tiempo.

Te pondré un pequeño ejemplo de una red social como Facebook. Antes de entrar en tu cuenta, tienes la idea definida de que sólo mirarás las notificaciones y conectarás con tus amigos durante un rato, algo que te debería llevar sólo unos 15 minutos. Cuando realmente entras en la cuenta, empiezas a explorar las historias de esas personas con las que ni siquiera tienes relación, y en este proceso pierdes horas. Sin darte cuenta, has perdido tu tiempo. Si quieres ser el rey o la reina de la productividad, necesitas dominar la habilidad de identificar las pérdidas de tiempo. Vamos a observar la procrastinación como una de las pérdidas de tiempo principales, así como otras pérdidas de tiempo comunes.

La Procrastinación

La procrastinación es un problema importante que tiene la mayoría de la gente que es incapaz de gestionar bien su tiempo. La procrastinación es básicamente no conseguir empezar una tarea en particular porque es difícil, poco interesante o, simplemente, aburrida. Un procrastinador prefiere realizar una tarea simple y más apasionante que algo que es importante pero aburrido. Observemos las diversas razones que hacen que la gente procrastine. Esta lista te mostrará que la mayoría de las veces, la razón tras la procrastinación es algún revés psicológico que se puede resolver.

El Miedo al Fracaso

En cualquier tarea que llevemos a cabo hay algo en juego, y esto nos hace sentir nerviosos. Estoy seguro de que definitivamente has sentido ese miedo al resultado en algún momento de tu vida. Ésta es una razón por la que tenemos miedo de empezar una tarea. La mejor solución para esto es mirar al miedo a la cara, llamarlo de alguna forma si hace falta (como "miedo bienvenido") y hacer que no tenga ningún poder. Cuando enfrentes tu miedo, sabrás que tienes un mayor potencial del que piensas.

Adicción al Último Minuto

Te voy a decir honestamente que ésta se produce o bien porque tienes demasiada confianza en tus habilidades, o porque sabes que la tarea a realizar es muy fácil. Las dos razones te hacen sentir tan complaciente que sientes que tienes mucho tiempo para completar el trabajo. Simplemente adopta la mentalidad de completar el proyecto fácil primero (si piensas que el proyecto es fácil), y después relájate sabiendo que ya has cumplido con tus tareas.

La No Disposición por un Trabajo en Particular

Adopta el hábito de decir que no cuando realmente tengas que hacerlo. Estar cargado con demasiado trabajo innecesario porque no sabes decir que no te llevará directamente a la procrastinación y la presión. No pasa nada por decir que no, así que domina esta palabra tan importante en la vida.

Una Tarea Abrumadora

Nos sentimos ansiosos a menudo cuando tenemos una tarea a realizar que requiere demasiado tiempo y esfuerzo porque es muy exigente. Para manejar esta situación, haz una lista de los varios pasos necesarios en la tarea. Descomponlos en unidades lo más pequeñas posible y después realízalos uno a uno. Harás que la tarea abrumadora sea más fácil al descomponerla en varias piezas.

Hablar Demasiado Antes de los Logros

Digamos que eres seleccionado entre los diez mejores para un concurso de diseño web, y tienes que presentar un diseño hoy. Estás tan emocionado que llamas a tu mejor amigo, y no paras de hablar de tu idea y del concurso. Ahora, cuando realmente te sientas a realizar el diseño, ya no te sientes tan emocionado por llevarlo a cabo. Esto se produce porque has gastado la mayoría de tu energía hablando sobre el hecho de que tienes una maravillosa idea, de tal forma que has anticipado todo y ya no tienes interés en hacer de la idea una realidad. Tu mejor opción sería entonces continuar posponiendo la presentación del diseño y, cuando te des cuenta, estarás intentando llegar al plazo trabajando a contrarreloj. Así que, resumiendo, no hables mucho hasta el logro final.

Distracciones No Deseadas

Lo que pasa a veces es que tienes todo preparado para realizar la tarea en cuestión, pero entonces algunos factores externos como música alta, un entorno sucio… te distraen. Estas pequeñas razones se convierten en grandes reveses porque rompen tu ritmo de trabajo. La mejor forma de combatirlas es o bien cambiando tu lugar de trabajo, o eliminando dichas distracciones de forma permanente. No pospongas una tarea para el futuro sólo porque piensas que la mesa tiene una mancha de café y tienes que eliminarla antes de empezar a trabajar.

Perfeccionismo

Personalmente, siento que el perfeccionismo es un arma de doble filo: o te hace crear maravillas o te convierte en un perdedor. Bueno, si siempre te sucede el primer caso, no es necesario preocuparse por este factor. Sin embargo, si eres de aquéllos que siempre quieren resultados perfectos y soportan una carga innecesaria por ello, entonces te estás castigando a ti mismo sin razón. Confía en mí, no pasa absolutamente nada si hay un pequeño desequilibrio en tu resultado final, porque la mayoría de las veces parece más creativo y no un error.

Otras Pérdidas de Tiempo Comunes

Aseo Personal Excesivo

No estoy diciendo que salgas de casa sin tomarte tu tiempo para tener un buen aspecto, pero tampoco malgastes demasiado tiempo delante del espejo para comprobar que el último mechón de pelo está perfectamente correcto.

Jugar a Juegos Online

Confía en mí, no te das cuenta de que estos juegos online ocupan una gran parte de tu tiempo. Sientes que simplemente estás tomando un pequeño descanso en tu agenda frenética y refrescando tu mente, pero en ese momento te das cuenta que has pasado una hora entera jugando al ajedrez.

Desplazamientos Innecesarios

No hay mucho que puedas hacer sobre los desplazamientos, pero puedes buscar opciones como el transporte compartido que te ahorra mucho tiempo, o puedes considerar realizar pequeñastareas como contestar tus correos, especialmente si no estás conduciendo y utilizas un taxi o transporte público. No desperdicies ni un solo minuto. Si te encuentras atascado en el tráfico, en lugar de quejarte sobre cuanto odias la situación, puedes hacer algo en tu teléfono móvil (gracias a Dios por la tecnología).

Compras Online

Las compras online son un sinónimo de las compras en escaparates, sólo que lo haces sentado delante de una pantalla de ordenador. Además, en las compras online no necesitas moverte físicamente, por lo que resulta más cómodo continuar mirando la sección de nuevas llegadas, incluso cuando no estés comprando nada.

Utilizar tu Teléfono Móvil Excesivamente

Con la aparición de Whatsapp, Twitter y Facebook, hemos perdido nuestro poder de concentración en gran medida. Continuamos mirando la pantalla de nuestro teléfono móvil sin ningún tipo de notificación. Ni siquiera nos damos cuenta de que una parte de nuestra mente está siempre centrada en el teléfono móvil, y no somos capaces de realizar el trabajo en cuestión con plena concentración. Nuestra mente necesita mucho tiempo para procesar cuando no estamos tan centrados en el trabajo, y esto lleva a pérdida de tiempo.

Hasta este momento, hemos determinado esas pérdidas de tiempo que afectan nuestra agenda diaria. Pero, simplemente reconocer los problemas no los resolverá. Necesitarás formular unas pocas estrategias y después ponerlas en práctica de forma diligente para aprovechar tus 24 horas al máximo. Los siguientes capítulos tratan esas estrategias: procesos paso a paso y cómo aumentan tu productividad global.

Establece Tus Prioridades Claramente

Todos tenemos una lista de tareas que realizamos a diario. Unas pocas son tareas normales que llevamos a cabo sin esfuerzo, mientras que otras necesitan más planificación y dedicación. A veces, también sucede que estás cargado con muchas tareas importantes a la vez y te pierdes en lugar de completarlas; éste es el momento en el que el llamado "establecimiento de prioridades" viene que ni pintado. Pero, antes de entrar en el establecimiento de prioridades, es importante determinar qué tipo de tareas ocupan la mayor parte de tu tiempo. Es importante saber qué es importante para ti y cuáles son tus aspectos positivos y, de acuerdo a esos datos, puedes establecer tus prioridades. Te voy a dar un método detallado paso a paso a través del cual sabrás todo sobre tus prioridades.

Mantén un Registro del Tiempo

Paso 1 – Coge un cuaderno, iPad o teléfono móvil, y prepárate a anotar cada cuarto de hora en el mismo durante las próximas dos semanas. Sé que esto parece bastante abrumador y la propia tarea te llevará bastante tiempo, pero tienes que darte cuenta de que esto es importante.

Paso 2 – Una vez que tienes los datos, analízalos en profundidad. Necesitarás tomar nota de algunas cosas a partir de esos datos. Necesitarás determinar:
- Cuánto tiempo te lleva realizar tus

tareas diarias como comer, refrescarte, vestirte...
- Cuánto tiempo empleas en llamadas no deseadas
- Cuánto tiempo empleas en videojuegos, chats...
- En qué momento del día eres más productivo
- Qué parte de tu vida entre tu carrera, familia, amigos, ocio e higiene personal ocupa una mayor parte de tu tiempo

Paso 3 – Ahora que tienes las respuestas a todas las preguntas importantes, determina que parte de tu vida es más importante para ti. Esto es importante para ayudarte a comprender el tiempo que empleas realizando tareas innecesarias.

Paso 4 – Ahora que tienes todas las respuestas, estoy seguro de que ya has resuelto algunos problemas. Por ejemplo, en base a la hoja de datos consigues darte cuenta de que empleas mucho tiempo en digamos hacer ejercicio y mantenerte en forma. También puedes darte cuenta de que estás un poco más obsesionado con esta parte de tu vida, y de que puede ser beneficioso reducir este tiempo. Necesitarás aceptar que mantener una buena salud debería llevar simplemente una hora y media al día. Cualquier cosa por encima de eso es en realidad una pérdida de tiempo.

Estos cuatro pasos te ayudarán a resolver tus problemas básicos con la gestión del tiempo. Cuando elimines todas las actividades innecesarias de tu vida, verás que podrás dedicar más tiempo y energía a las tareas importantes. Cuando emplees más tiempo y concentración en esa área en particular, mejorarás tu productividad en la misma automáticamente. Vamos a ir un paso más allá, y realizar una tabla de prioridades, ofrecida por Covey, Merrill y Merrill en 1994, en base a los datos que recopilamos anteriormente. Esta tabla de prioridades te ayudará a diferenciar entre lo qué es importante y lo qué es urgente, para que puedas tomar, por tanto, decisiones importantes en tu vida en consecuencia.

La Matriz de las Prioridades

¿Te has dado cuenta alguna vez de que normalmente usas dos palabras para definir tu carga de trabajo: importante y urgente? No sólo tú, pero supongo que la mayoría de la gente en el mundo considera las dos palabras sinónimos. Sin embargo, deberías evitar hacerlo. Las dos palabras tienen un significado muy diferente en lo que se refiere a la carga de trabajo. Normalmente, las tareas que son importantes en la vida como ejercicio diario, tomar descansos saludables, meditación y buenos momentos en familia, nunca son urgentes. No siguen un patrón o agenda específicos. Las tareas urgentes están siempre directa o indirectamente relacionadas con tu carrera y donde el dinero está de por medio.

	Importante	No Importante
Urgente	Importante y urgente	No importante pero urgente
No Urgente	Importante pero no urgente	Ni importante ni urgente

Como puedes ver en la anterior matriz, cuando combinamos los dos tipos de tareas (importantes y urgentes), tenemos cuatro resultados: importante y urgente; no importante y urgente; importante y no urgente; y ni importante ni urgente. Te voy a dar un ejemplo de la vida diaria para cada categoría, lo que hará que lo entiendas más fácilmente.

Importante y urgente: una persona cercana ha tenido un accidente y necesita ser hospitalizada ahora mismo. Este tipo de situaciones necesitan atención inmediata, y cuando sucedan en tu vida, tienes que dejar todo lo demás y atender dicha situación.

No importante y urgente: llevar a tu amigo al aeropuerto para su vuelo. Es urgente porque está sujeta a una limitación temporal, pero tu amigo puede utilizar un taxi para ir al aeropuerto, por lo que no es tan importante (sólo a veces, sin embargo).

Importante y no urgente: una encuentro o escapada familiar...

Ni importante ni urgente: consultar tu cuenta de twitter cada hora, hacer un comentario en la foto de uno de tus amigos y seguir el hilo. Puedes hacer estas cosas cuando tengas tiempo de sobra, pero no cuando no tienes mucho tiempo a tu disposición.

Cómo Seguir la Matriz

Ahora, te pido que cojas la hoja de datos de tu ejercicio anterior y hagas una cuadrícula para ti mismo. Escribe todas tus actividades en alguna de las cuatro categorías. Una vez que hayas completado el ejercicio, sentirás que tienes el control de tu vida. Sentirás que ahora estás mejor equipado para afrontar cualquier tipo de emergencia.

La Planificación y la Organización son las Claves

La planificación y la organización son dos pilares sobre los cuáles puedes trazar cualquier tipo de estrategia de gestión del tiempo. Necesitarás ser realmente bueno con la parte de planificación y después con la ejecución de ese plan. La planificación te proporciona una lista de cosas por hacer para el día entero, en base a la cual eres capaz de distribuir el tiempo para diversas cosas. La organización elimina cualquier tipo de obstáculo en la ejecución de dicho plan. Observemos los dos pilares en detalle y los pasos que forman parte de ellos.

Haz un Mapa Mental del Día Entero

Los intelectuales siempre han dicho que deberías empezar el día agradeciendo al ser supremo por sus innumerables bendiciones. Ése puede ser el comienzo correcto del día, pero lo siguiente que deberías hacer es un mapa mental de todas las obligaciones que tienes que cumplir en ese día. Mientras realizas el mapa mental, puedes obviar algunos detalles, pero intenta captar el día entero. Este plan mental te dirá cómo será tu día, para que lo puedas empezar en consonancia. Si parece que va a ser un día ajetreado, empiézalo lo antes posible y, si es un día de ocio, ¡empiézalo incluso antes!

Escribe el Plan Entero para el Día

Un plan mental te dará un impulso y aumentará tu confianza para continuar con el resto del día. Pero no será suficiente para el propósito de mantener tu horario.

Para seguir el plan para el día, necesitarás escribir cada una de tus obligaciones junto con un plazo establecido.

Es importante asignar un plazo a todas las tareas para que cuando empieces a hacer una tarea en particular, tengas un objetivo establecido dentro de un tiempo estipulado. Se ha observado a menudo que las tareas acompañadas de un plazo establecido proporcionan más resultados en comparación con aquéllas sin ningún límite temporal.

Ten un Colchón de Tiempo

Nunca deberías olvidarte de que la vida es muy incierta. Puedes haber planeado realizar una determinada tarea durante el día, pero nunca sabes lo que el día ha planeado para ti. Ten un colchón de tiempo para cualquier contingencia, para no quedarte estupefacto cuando la incertidumbre aparece.

Revisa al Final

Al final del día, comprueba en qué partes has seguido el plan y en cuáles no. No te vayas a dormir con remordimientos; en su lugar, cuéntate a ti mismo que mañana cuidarás de las cosas que no pudiste hacer hoy. Intenta seguir el plan diligentemente, pero no te decepciones si te quedas corto algunos días.

Herramientas de Planificación

Es fácil planificar con los actuales avances tecnológicos. Hoy en día, tenemos muchos dispositivos que puedes utilizar para planificar tu día más fácilmente. Además, estás herramientas vienen con alarmas incorporadas. Estas alarmas te mantienen actualizado en la próxima tarea que se supone deberías afrontar; te mantienen según lo planeado. Lo bueno es que esos dispositivos como iPads, teléfonos inteligentes o tabletas, son tan fáciles de llevar que hacen posible usarlos para recordar incluso la más pequeña de las tareas que necesitas realizar.

Organización

¡Planifica!, ¡planifica!, ¡planifica!..., pero no tengo tiempo para la ejecución o soy demasiado vago para la misma. Si éste eres tú, necesitas formar parte de unas discusiones serias. Normalmente, a todo el mundo le gusta mucho la parte de planificación, pero la ejecución es una parte en la que muchos se quedan cortos. Éste es el momento de acción de verdad, y ahora no puedes volver atrás. Hay una pequeña herramienta que te puede ayudar en una mejor ejecución de todos tus planes. Esta herramienta se conoce como organización. Cuando estás organizado, sabes qué trabajo necesitas hacer y cómo necesitas hacerlo. Al mantenerte organizado, eres capaz de eliminar cualquier tipo de pérdida o desperdicio en tu vida y te vuelves muy productivo.

Deshazte del Desorden en tu Vida

Supón que trabajas en una empresa de gestión de eventos cualquiera y hoy es tu demostración. Tienes la responsabilidad de 10 tareas en ese día. Pero estas 10 tareas no requieren ni de tu atención ni de tu tiempo de forma equitativa. Hay dos formas en las que puedes afrontar la situación.

*O bien completas las tareas pequeñas primero para que sólo te queden las más importantes y ver una lista de 3 en lugar de 10 al mediodía o

*Puedes finalizar las tareas más importantes primero y liberar tu mente. A mediodía, tendrás una lista de unas 6-7 tareas, pero sabrás que son pequeñas y que las puedes llevar a cabo fácilmente

Este método te mantendrá libre de tensión durante el resto del día. Además, la mayoría de la gente es más productiva por la mañana, y éste es normalmente el mejor momento para realizar cualquier tarea ya que tienes la energía y estás alerta mentalmente.

La Parte del "Cómo" al Hacer

Hasta este momento, has planificado mucho y sabes cuándo ejecutar todos los planes. La pregunta más importante es, ¿sabes cómo ejecutar esos planes? ¿Tienes una lista de pasos? Si no tienes esto, o bien malgastarás mucho tiempo procrastinando o crearás un caos a partir de esta situación. Así que, mientras estás planificando tu día, tómate un rato para escribir la parte del plan sobre el "cómo". Cuando hagas esto, sabrás si tu plan es factible o no, en cuyo caso podrás diseñar un plan alternativo.

Obtén Ayuda de Otras Personas

Un hábito común de personas de gran éxito alrededor del mundo es que identifican las tareas más importantes para ellos y reservan un periodo de tiempo para completarlas, sin importar cuán apretada esté su agenda. De forma similar, debes prepararte para identificar tareas críticas y programarlas en tu agenda diaria. Esta actividad puede sonar muy sencilla, pero te sorprendería saber que la mayoría de la gente se queda corta de tiempo simplemente por ignorar la importancia de esta programación. Sin embargo, esta programación es sólo el primer paso en el aprendizaje del arte de delegar. Registrar citas y reuniones en tu agenda no va a completar tu trabajo. Recuerda que esta programación sólo te permitirá ser consciente de tus tareas a realizar. Después de determinar tu agenda, necesitas realizar compromisos de tiempo para completar las cosas que más te importan.

El Concepto de Gestión de la Energía

Nadie puede gestionar tu tiempo mejor que tú mismoporque sólo tú puedes entender tus fortalezas y habilidades de manera óptima. Para entender el concepto de delegar, debes entender la importancia del nivel de energía para completar diversas tareas de forma óptima. Cada persona muestra variaciones en el nivel de energía en diferentes momentos del día. Por ejemplo, una persona X tiene energía y entusiasmo para completar el trabajo a mediodía y durante la tarde, mientras que la persona Y se muestra más productiva por la mañana y durante la noche.

Necesitarás identificar varios periodos en los que sientes una gran explosión de energía cada día y programar entonces las tareas más exigentes para ser completadas sólo durante esos periodos. Bloquea todas las otras actividades y céntrate sólo en las tareas prioritarias. Evita cualquier interrupción durante esos periodos. Por ejemplo, si estás trabajando en una tarea prioritaria entre las 3 y las 5 de la tarde, prepárate completamente de antemano, tómate el café y entonces empieza a trabajar, acaba las llamadas importantes, pon el teléfono en silencio y recibe sólo llamadas urgentes durante ese periodo. Todos éstos son ejemplos de cómo minimizar las perturbaciones para aumentar la productividad. De esta manera, podrás manejar tu tiempo de forma eficiente; y esto también dobla tu productividad en sólo unos días.

Conviértete en el Amo de tu Propio Tiempo

Sabemos el momento en el que somos más productivos y éste es el momento más importante. Ahora es el momento de identificar los periodos en los que no realizas ninguna actividad importante, como el tiempo empleado en desplazamientos al trabajo, esperando en una fila, o esperando para recoger a tus hijos en la escuela...Generalmente, la gente permanece inactiva durante esos periodos, pero la gente inteligente los aprovecha al máximo. Todo lo que necesitas es hacer una lista de pequeñas tareas que sólo precisan de unos pocos minutos para ser completadas, como hacer una lista de compras, escribir cartas o correos, responder a éstos... Completa esas pequeñas tareas en esos periodos inactivos. Puedes escuchar incluso cintas motivacionales o educativas.

La programación es importante sin ninguna duda, pero debería estar equilibrada con las actividades de ocio que más te gustan. Los hobbies, el entretenimiento, la relajación…, tienen una importancia similar en la vida.

Algunas personas sostendrán que simplemente relajarse está justificado después de trabajar sin descanso, especialmente cuando pueden. No pasa nada por trabajar todo el día, pero el concepto de equilibrio energético aparece de nuevo. La razón por la que dormimos por la noche es para permitir que nuestro cuerpo y mente se recarguen para el próximo día. De forma similar, las actividades de ocio recargan nuestra mente y nos imprimen motivación para trabajar duro. Los experto en gestión del tiempo y delegación sugieren que no asignes más de 2/3 de tu tiempo al trabajo. 1/3 del tiempo debe ser dedicado a los hobbies y a actividades de relajación mental. Acelerar en una carrera no hace de ti un buen conductor, sino que es el arte de utilizar los frenos en los momentos adecuados lo que te hará ganar la carrera.

Aunque quieras asumir todas las tareas, no puedes hacer todo, entonces necesitarás aprender a delegar.

Delegación para laDedicación

La delegación se puede describir como el arte de asignar tareas personales a otras personas, para que puedas liberarte y completar tareas más complejas y críticas. El primer paso de la delegación implica identificar ciertas tareas que pueden ser fácilmente gestionadas por otros. Los expertos y profesionales del sector siguen el ejercicio de segregación de tareas. Si no asignan tareas a otros, nunca son capaces de alcanzar las posiciones destacadas de las que disfrutan actualmente. Haz una lista de las tareas con las habilidades y conocimiento requeridos, y después selecciona a las personas que son lo suficientemente eficaces para realizar esas tareas en tu lugar. Estas personas deben tener las habilidades necesarias para realizar las tareas asignadas. Identifica también las tareas que requieren tu atención y las habilidades que posees. Se lo más específico posible al describir las tareas a otras personas, ya que no quieres revisiones y errores, lo que supondría una pérdida de tiempo para ti y para la otra persona. Comprueba el progreso entre medias y ofrece tu orientación siempre que sea necesaria. Al final, no te olvides de premiar la finalización de tareas y mantente abierto a sugerencias y mejoras requeridas. También puedes procurar ayuda. Por ejemplo, puedes pagar a alguien para que limpie tu casa o tu jardín, ya que esto te dará el tiempo libre para realizar otras tareas importantes.

Deja de HacerVariasTareas a la Vez

Debes haber oído hablar del multi-tasking (hacer varias tareas a la vez) a través de varios medios. Aquí no estamos negando los beneficios del mismo, pero en el contexto de programación y gestión del tiempo debería ser evitado. Muchos estudios psicológicos han probado que optar por realizar varias tareas a la vez no ayuda a ahorrar tiempo, sino todo lo contrario, consume más del tiempo requerido. Esos estudios se están analizando calculando el tiempo transcurrido cuando una persona cambia de una tarea a otra, y el tiempo transcurrido cuando una persona completa la misma tarea sin cambiar. Los resultados han confirmado que lleva más tiempo completar la tarea cuando se cambia de tarea entre medias.

Definiendo el Multi-tasking

El multi-tasking es un tema muy amplio y complicado de entender. Realizar varias tareas a la vez cuando se alinean con tu trabajo actual crea una perturbación insignificante, lo que es aceptable hasta un cierto nivel. Sin embargo, realizar varias tareas a la vez que difieren completamente de tu tarea actual te hace perder la concentración completamente, lo cual no es muy inteligente.

Por ejemplo, supongamos que has asumido la importante tarea de escribir una propuesta para tu jefe en tu escritorio. Mientras completas la propuesta, te acuerdas de responder a un correo importante de repente y empiezas a hacerlo. Estas dos tareas eran importantes, pero están alienadas porque ambas pueden ser completadas con el ordenador. Este tipo de tareas no te hacen perder la concentración. Evita las tareas que requieren que dejes el ordenador para no perder la concentración.

Cómo las Interrupciones Disminuyen la Productividad

Hemos recalcado programar una tarea durante un periodo que ofrece interrupciones mínimas. La tarea te lleva mucho menos tiempo cuando intentas acabarla sin contratiempos. Por ejemplo, supongamos que una tarea específica le lleva a una persona 60 minutos para completarla sin involucrarse en ninguna otra tarea. La misma tarea requiere 80 o 90 minutos si la persona la completa en dos o tres turnos. Esto se produce porque definitivamente necesitarás algo de tiempo para recuperar el nivel de concentración una vez que has completado la tarea que querías realizar. Esto se produce principalmente por la pérdida de concentración.

Por lo tanto, cuanto mayor sea la concentración, más rápida y eficientemente se completará la tarea.

Una de las principales desventajas de realizar varias tareas a la vez es que crea interrupciones al completar la tarea actual. No sólo hace que la concentración sea un desafío, sino que también consume tu nivel de energía. Para conseguir resultados óptimos, debes mantener un adecuado nivel de energía.

Ten Buena Salud para Mantenerte Concentrado

La salud y la productividad van de la mano. La salud no sólo quiere decir salud física, ya que la salud mental también juega un papel fundamental en potenciar la eficacia y mejorar la calidad del trabajo.

Alimento para la Mente

En el ajetreo de una agenda laboral frenética, a menudo perdemos la atención en la importancia de la comida y la nutrición. Los nutrientes esenciales mantienen nuestra actividad cerebral alta todo el rato. Por tanto, debes seguir una dieta que ofrece un suministro regular de vitaminas, minerales, proteínas, fibras y carbohidratos. Cuidar de tu salud mental es una inversión valiosa de tiempo y energía.

Programar la Relajación

Te tienes que asegurar de programar un tiempo para actividades de relajación. La relajación imprime el tan necesitado oxígeno para el mantenimiento de la salud física. Permítete llevar a cabo actividades de relajación y rejuvenecimiento como el yoga, entrenamiento en el gimnasio, meditación...

Asigna al menos 2-3 horas al día para insuflar energía en tu cuerpo a través de actividades de relajación.

Estas actividades de relajación te asegurarán mantener una salud física y mental ideales. La relajación también mejora tu resistencia para completar más tareas. También ayuda a completar tareas rápidamente y con facilidad.

Una pobre salud mental y física, junto con una gestión del tiempo inapropiada, resultan en mal humor, fatiga, enfermedades frecuentes y pérdida de entusiasmo. Las actividades de relajación mencionadas anteriormente ayudan a mantener el nivel de estrés bajo. En sólo unos días, sentirás la diferencia en tu resistencia y nivel de energía en el trabajo, así como en casa, simplemente si te tomas el tiempo para descansar y relajarte.

Conclusión

Gestionar tu tiempo eficazmente no es una tarea fácil, pero una vez que domines cómo hacerlo, serás una de las personas más exitosas del mundo. Confía en mí, la mayoría sino todas las personas más exitosas del mundo saben cómo gestionar bien su tiempo. Así que, si quieres tener éxito, es fundamental que gestiones bien tu tiempo.

¡Gracias de nuevo por descargar este libro! Espero que este libro te haya ayudado a saber cómo gestionar bien tu tiempo.

El próximo paso es empezar a poner en práctica todos los consejos y estrategias destacadas en este libro y ver cómo se transforma tu vida.

Finalmente, si te ha gustado este libro, ¿serías tan amable de dejar una reseña del mismo?

Gracias y buena suerte.

Parte 2

Introducción

Quiero agradecerte y felicitarte por descargar el libro.

Este libro contiene pasos y estrategias comprobadas sobre cómo administrar el tiempo, ser más productivo y utilizar diversas técnicas y tecnologías para alcanzar tu máximo potencial. La pereza, el letargo, la dilación y la ociosidad son inhibidores definidos que restringen el crecimiento y el logro de cualquier individuo. La gestión eficaz del tiempo y la eliminación de todos estos rasgos negativos son esenciales para cualquier persona que busque el éxito en la vida.

Entonces ... ¿alguna vez sientes que estás estresado y no tienes tiempo para lograr lo que siempre quisiste? ¿Te sientes preocupado de que nunca lograrás lo que te apasiona y de que tus metas siempre puedan seguir siendo un sueño?

¿Te sientes agobiado por los plazos, el exceso de trabajo y la falta de tiempo para disfrutar realmente de la vida?

Bueno ... realmente necesitas dejar de

preocuparte ... y ¡GESTIONAR TU TIEMPO!

Sí, la administración del tiempo, uno de los 7 hábitos esenciales de las personas exitosas, es una necesidad para cualquier persona que desee alcanzar sus metas y lograr lo que le apasiona. Sin administrar el tiempo, una persona está inactiva: sus pensamientos son mundanos, sus metas están vacías y su vida está vacía de impulso, celo o propósito ...

En este libro, aprenderá cómo cambiar su vida especificando sus metas, desglosándolas en tareas fáciles de realizar y luego utilizando una variedad de técnicas de administración del tiempo emocionantes y fáciles de usar para convertirse en la persona que siempre quiso ser ... aumentando enormemente su productividad.

"No tienes que ser genial para comenzar, ¡pero debes comenzar a ser genial!"

Para cualquiera que desee lograr algo que valga la pena en la vida ... para cualquier persona que desee dejar su huella en este mundo ... para cualquiera que busque reconocer su potencial ... es una obligación valorar el tiempo, reconocer su importancia y gastarlo como lo haría una persona sabia. - En sólo las más excelentes y nobles búsquedas ...

Este libro lo ayudará a pensar sobre el tema y le brindará una firme guía para reconocer el valor del tiempo, administrarlo de manera efectiva y usar diversas tecnologías para llenar su vida con fervor, entusiasmo y un sentido de logro ...

Así que…. Léelo y compártelo con otros ...

Y gracias de nuevo por descargar este libro, ¡espero que lo disfruten!

Capítulo 1: ¡Todo sobre la gestión del tiempo!

¿Alguna vez has pasado por un momento en que las cosas simplemente no funcionaban para ti? ¿Alguna vez ha tenido el dolor de cabeza de tener tantas tareas que hacer sin el marco de tiempo adecuado disponible para lograrlas? ¿Eres capaz de mantener tus plazos? ¿Tiene problemas para cumplir las promesas y lograr lo que siempre quisiste hacer?

Incluso si tu respuesta a todas las preguntas mencionadas anteriormente es no, el hecho de que seas humano significa que necesitas administrar su tiempo. ¡Sí! La gestión del tiempo es un arte que debe aprenderse, una habilidad que debe dominarse y una ciencia que debe perfeccionarse. Sin una gestión adecuada del tiempo, no hay un objetivo importante que puedas lograr ...

"Hasta que no podamos administrar el tiempo, no podemos manejar nada más".
~ Peter F. Drucker

¿Qué es la gestión del tiempo?

La gestión del tiempo básicamente se refiere a la gestión de recursos, planificación, disciplina, responsabilidad del tiempo empleado, priorización y organización. Según Covey, autor de "Los 7 hábitos de las personas altamente efectivas", la gestión del tiempo es la capacidad de "organizar y ejecutar en torno a las prioridades". Se trata de establecer objetivos, priorizarlos, desglosarlos en tareas e integrarlos en su rutina de tal manera que logre lo que se propuso lograr con comodidad, facilidad y al mismo tiempo evitar el estrés.

La mayoría de las personas tiene exceso de trabajo, llegan tarde a sus fechas límite, están bajo estrés, no pueden cumplir sus promesas y, a menudo, están descontentas con su estado general de cosas. La gestión correcta del tiempo básicamente busca cancelar todos los aspectos negativos asegurándose de que el tiempo y la energía se utilizan para lograr el máximo valor y beneficio.

¿Por qué administrar el tiempo?

El dicho de que el tiempo es dinero es

famoso. De hecho, el tiempo perdido nunca puede recuperarse. El sabio, por lo tanto, debe valorar su tiempo. Debe abstenerse de realizar actividades que dificulten su progreso hacia los objetivos elegidos.

"El tiempo es realmente el único capital que cualquier ser humano tiene, y la única cosa que no puede permitirse perder". ~ Thomas Edison

Algunos de los beneficios de la gestión del tiempo son:

• Te pone en control de tu vida.

• Te libera del estrés y la ansiedad.

• Te permite cumplir tus promesas y cumplir tus plazos.

• Aumenta tu productividad al ayudarte a lograr más en menos tiempo

• Produce más tiempo libre para ti, ¡tiempo libre que nunca pensaste que tenías!

• Te ayuda a lograr objetivos más grandes que nunca creíste posible ...

• Te hace puntual y disciplinado: un modelo a seguir para otros

• Evita que la mente divague y tenga

pensamientos sombríos: te ayuda a ser activo y feliz

• Te ayuda a organizar todos los aspectos de tu vida y te da confianza

Todos estos beneficios son algo a lo que cualquier persona positiva, orientada hacia objetivos, definitivamente aspiraría. Y, de hecho, son logros por los que vale la pena luchar. ¿Quieres vivir mejor?

Esta es la forma…

Evitando la dilación

En una era tan digital y tecnológicamente avanzada como la nuestra, hay tantas distracciones que nos rodean, todas con la intención de desviarnos de nuestras tareas principales y tratar de conseguir que les demos algo de nuestro precioso tiempo. Los programas de televisión, Facebook, Youtube, etc. consumen gran parte de nuestro tiempo diario sin que nos demos cuenta de cuánto tiempo hemos perdido en actividades triviales sin haber logrado nada. El objetivo no es prohibir a una persona divertirse. El objetivo es convertir estas actividades en una rutina adecuada para que nuestros esfuerzos no se desperdicien y vivamos esta vida logrando, cumpliendo y contribuyendo, en lugar de simplemente respirar oxígeno.

Una enfermedad muy propagada y de las más generalizada entre los que no tienen éxito en todo el mundo es la dilación, una tendencia a paralizar, diferir o posponer una tarea sin una razón adecuada. La causa más frecuente de la dilación es, por supuesto, la gran cantidad de distracciones que nos rodean. Otros factores incluyen:

• Posponer todo al último minuto, pensando que todo se hará (o no)

• Prefiriendo mañana a hoy

• Realizar tareas de forma espontánea que no le entusiasmarían de otra manera, por ejemplo. Lavar ropa, pintar una puerta, alimentar animales etc.

• Sentir una sensación de inferioridad que nada de lo que puedas hacer sería lo suficientemente bueno

• Desinterés o falta de pasión con el objetivo que nos ocupa.

• Ausencia de alguna rutina o horario sólido.

• Mala salud - física, mental o ambas

Puede haber más. Sin embargo, la gestión del tiempo y la dilación están relacionados. Para manejar bien el tiempo, debe evitarse la dilación. La dilación es un problema ... De hecho, para aquellos que desean tener éxito, es peligroso. Algunos de sus peligros incluyen:

• Nos roba el logro
• Produce estrés y ansiedad.
• Se acumula carga de trabajo
• Afecta nuestra salud física y mental.

Por lo tanto, es imperativo que la persona sabia se prepare, evite la dilación y maneje su vida para traducir sus habilidades y potenciales en logros exitosos.

De los que lograron!

A lo largo de la historia, los que lograron en este mundo fueron los que reconocieron el valor del tiempo. Como inspiración y ejemplo, citamos a algunas personas influyentes que sabían una o dos cosas sobre el tema:

"No debes descuidar tu tiempo o usarlo al azar; por el contrario, debe rendirse cuentas, estructurar sus letanías y otras prácticas durante el día y la noche, y

asignar a cada período una función fija y específica ... Cada una de sus respiraciones es una joya invaluable, ya que cada una de ellas es insustituible y, Una vez que se ha ido, nunca se puede recuperar. "~ Ghazali

"La riqueza perdida puede ser reemplazada por la industria, la pérdida de conocimiento por estudio, la salud perdida por la moderación o la medicina, pero el tiempo perdido se ha ido para siempre". ~ Samuel Smiles

"¿Amas la vida? Entonces no desperdicies el tiempo, porque de eso están hechas las cosas de las que está hecha la vida ". ~ Benjamin Franklin

"Una vez que haya dominado el tiempo, comprenderá cuán cierto es que la mayoría de las personas sobreestima lo que puede lograr en un año, y subestima lo que puede lograr en una década". ~ Anthony Robbins

La gran línea divisoria entre el éxito y el fracaso se puede expresar en tres palabras: "No tuve tiempo". ~ Franklin Field

Capítulo 2: Lo esencial de la gestión del tiempo

De lo esencial de la gestión del tiempo está el aprender las diversas técnicas que ayudan a lograrlo, así como los métodos para implementar esas técnicas. Con la gestión del tiempo, primero que todo debes especificar metas para ti mismo. Tómate un tiempo de tu vida, hagas lo que hagas, y prueba esto ... ¡Piensa!

¿Cuál es su objetivo en la vida? ¿Cuáles son tus principales objetivos? ¿En qué sientes que eres mejor o que te apasiona? ¿Cuál es tu propósito?

Primero debe tener respuestas válidas a estas preguntas tan importantes ... Saca un bloc de notas (digital o analógico) y anota todos los objetivos que se te ocurran, teniendo en cuenta que sean realistas, alcanzables y valiosos (es decir, son objetivos correctos). que se debe aspirar para).

Establecimiento de objetivos

Esta es la etapa de establecimiento de objetivos y comienza al principio del ciclo de administración del tiempo. Una vez que hayas establecido tus objetivos, divídelos en:

- Objetivos de por vida (más de 5 años) [por ejemplo, Quiero construir una universidad, quiero alcanzar la salvación, quiero crear un sistema operativo mejor que MS Windows, etc.]
- Metas a largo plazo (1-5 años) [por ejemplo, Quiero convertirme en neurocirujano o piloto, eventualmente quiero convertirme en empresario, quiero establecer un instituto para los pobres, etc.]
- Metas a medio plazo (1-11 meses) [por ejemplo, Quiero aprender Adobe Photoshop o quiero ganar suficiente dinero para ir a la universidad o quiero terminar mi trabajo, etc.]
- Metas a corto plazo (1-30 días) [por ej. Quiero reparar mi auto o quiero limpiar mi computadora de Anti-Virus o quiero contratar a alguien para arreglar mi jardín, etc.]

Las metas son generalmente a largo plazo, pero también pueden ser de otra manera.

Una vez que haya agrupado sus objetivos de esta manera, descubrirá que es mucho más claro en lo que hace.

Desglose de tareas

Una vez que hayas enumerado y agrupado tus objetivos, debes desglosarlos en tareas (si es necesario). Por ejemplo, si tu objetivo a largo plazo es convertirte en neurocirujano u obtener un doctorado en inteligencia artificial, entonces este es un objetivo que debe dividirse en tareas, por ejemplo. Si todavía estás en la secundaria,

1. Lograr lo mejor posible en la escuela secundaria
2. Elegir la mejor universidad.
3. Hablar con un consultor experimentado
4. Solicitud de admisión.

Por supuesto, no es necesario que tus objetivos a largo plazo se dividan en tareas a corto plazo totalmente concluyentes. La lista se llenará a medida que pase el tiempo. Por lo general, los objetivos de por vida y los objetivos a largo plazo se dividen en tareas más pequeñas.

Además, las metas a corto plazo y las metas a mediano plazo podrían eventualmente convertirse en tareas. Por lo tanto, no te dejes confundir por este problema.

Asegúrate de numerar cada meta / tarea con una estimación cuidadosa del tiempo máximo requerido para lograrlo. Esto te dará una idea de hacia dónde te diriges, si puedes alcanzar todos tus objetivos y si tienes suficiente tiempo para cumplirlos.

El proceso de creación de objetivos y desglose de tareas se puede ilustrar de la siguiente manera:

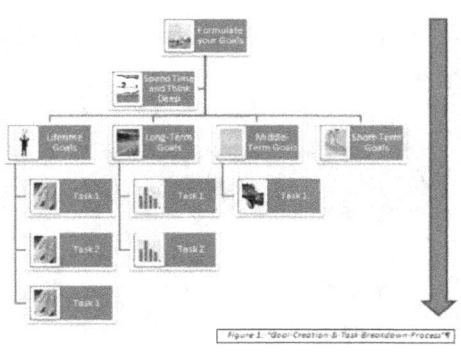

Si dedicas tu tiempo a pensar y utilizas esta técnica de manera adecuada para darla a conocer, verás los increíbles resultados que obtendrás. Saldrás organizado, dedicado con una nueva aspiración y unidad. Esta es la parte básica de administrar cómo vivirás tu vida.

La siguiente parte es examinar algunas técnicas específicas de administración del tiempo que te ayudarán a organizarte para lograr las tareas y los objetivos que ha definido.

Técnicas importantes de gestión del tiempo

Rejilla de urgencia / importancia

Esta es una técnica ampliamente utilizada que divide todas las tareas posibles en 4 cuadrantes de la cuadrícula de Urgencia / Importancia que se puede ilustrar de la siguiente manera:

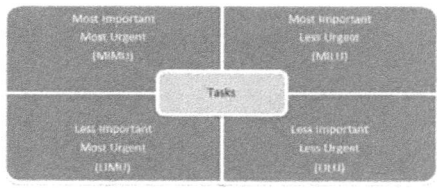

Most important: Más importante
Most urgent: Más urgente
Less urgent: Menos urgente
Less important: Menos importante
La idea es agrupar todas las tareas

pendientes en uno de los cuatro cuadrantes. Las tareas que se deben realizar primero son aquellas que ingresan en el Cuadrante MIMU, luego el Cuadrante MILU y así sucesivamente. Además, se deben tener en cuenta las siguientes cosas:

• MIMU debe hacerse primero, luego MILU, LIMU, LILU, en ese orden

• Las tareas en cada cuadrante pueden moverse a otro cuadrante a medida que pasa el tiempo, por ejemplo. una tarea que fue MILU podría convertirse repentinamente en MIMU o una tarea que parecía que LIMU podría convertirse repentinamente en MIMU

• Se debe tener cuidado de actualizar la cuadrícula regularmente, y para este fin, se pueden utilizar algunas herramientas disponibles en línea (más sobre esto más adelante)

La Cuadrícula de Urgencia / Importancia es una técnica probada, probada y verificada que le brinda una excelente manera de organizar sus tareas y determinar cuál debe ser priorizada. La técnica es simple, fácil de entender y efectiva. De hecho, es una necesidad para cualquiera que busque administrar su tiempo adecuadamente.

Análisis de Pareto

Atribuida al economista italiano, Vilfredo Pareto, esta técnica se basa en la teoría de que dentro de cualquier sistema, algunos elementos tienen la tendencia a rendir un rendimiento más alto que otros. La teoría afirma:

• 20% de los elementos serán High Yielders (HY) (alta producción) mientras que 80% serán Low Yielders (LY) (baja producción)

• El 20% de HY produce alrededor del 80% del rendimiento (Y)

• El 80% de los LY producen el 20% restante de Y

En términos de gestión y producción, esto significa que el 20% del tiempo que gasta en algo dará como resultado el 80% de la producción final (piense en negocios y ganancias aquí para comprender). Por otro lado, el 80% restante del tiempo solo producirá el 20% de la producción final.

La implicación es que dado que el 20% de su trabajo producirá el 80% de la producción, también puede trabajar de antemano para priorizar ese trabajo del 20% que resuelve la mayor cantidad de problemas y eventualmente le dará esa salida del 80% antes. El resto de tu trabajo será más fácil.

El análisis de Pareto se utiliza cuando un subconjunto debe priorizarse a partir de un conjunto dado de acuerdo con el principio 80/20 mencionado anteriormente. Para el análisis de Pareto, se deben seguir los siguientes pasos:

• Identificar y enumerar problemas y sus causas
• Problemas de puntuación
• Agrupar problemas juntos por causa
• Sumar puntajes para cada grupo
•   Tomar acción

¿Qué significa esto? Bueno, vamos a entender con un ejemplo. Imagina que estás dirigiendo una escuela y que te enfrentas a una lista de problemas.

S/No	Problema	Causa (Paso 1)	Puntuación/10 (Paso 2)

	1)		
1	Los estudiantes son moralmente corruptos	Personal no competente	9
2	Los puntajes de la prueba no están a la altura	Personal no competente	8
3	Actividades comienzan tarde	Organización pobre	6
4	El personal no coopera	El personal no es competente	6
5	Nuevos estudian	Calidad del plan	5

	tes y personal no vienen	de estudios	
6	Estudiantes se duermen en clases	Organización pobre	9

Ahora, para el Paso 3, necesitamos agrupar los problemas por causa, lo que resultará en:

Causa	No. De Problemas	Puntaje Total
Personal no competente	Items 1,2 y 4	23
Organización pobre	Items 3 y 6	15
Calidad del plan de estudios	Item 5	5

Como podemos ver, el mayor beneficio se puede lograr al solucionar el problema de "Personal no competente", que solucionará (23/53%) el 43% de todo el problema.

Y luego, solucionar el problema de "organización deficiente" solucionará (15/43%) el 35% de todo el problema, lo que equivale a un total de 78% de resolución del problema.

Así es como la persona puede priorizar su decisión completando primero el trabajo más importante y luego pasar a la lista con el trabajo menos importante. Recuerde que la proporción de 80/20 es solo un ejemplo y que la proporción no siempre es de 80/20. El análisis de Pareto muestra el área que, si es fija, dará el máximo beneficio, por lo que debe ser priorizada.

¡Esta es una técnica de priorización útil y puede emplearse en una variedad de escenarios para lograr excelentes resultados de administración del tiempo!

Programación inversa

La programación inversa ayuda a establecer hitos y una fecha de inicio al ir en reversa desde la fecha de finalización de una tarea. Aunque lleva tiempo, la programación inversa puede ayudar a las personas a manejar el estrés y preocupa a las personas en la realización de sus tareas / proyectos debido a circunstancias imprevistas.

Supongamos que va a dar una conferencia sobre "Gestión del tiempo y cómo evitar las dilaciones" antes de que su producto "Curso completo de gestión del tiempo" llegue al mercado de lanzamiento el 7 de abril.

Decides dar la conferencia el 31 de marzo. Esto le permite organizar una conferencia posterior si no se cubren todos los temas. Además, le da margen para organizar la conferencia nuevamente en caso de emergencia, mal tiempo, huelga, etc. La presentación de la conferencia una semana antes del lanzamiento también le permitirá utilizar las herramientas de marketing adecuadas para impulsar la venta de sus productos y proporcionar beneficios. a la gente también.

A continuación, enumerará las tareas necesarias para completar su objetivo: la conferencia. Estos se pueden representar de la siguiente manera:

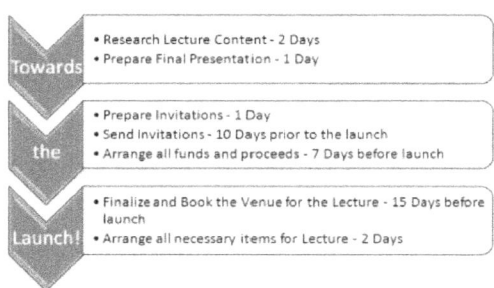

HACIA . contenido de la conferencia de investigación – 2 días
. Preparar presentación final – 1 día
EL . Preparar invitaciones – 1 día
. Enviar invitaciones – 10 días antes del comienzo
. Organizar todos los fondos y ganancias – 7 días antes del comienzo
LANZAMIENTO . Finalizar y reservar el lugar de la conferencia. – 15 días antes del comienzo
. organizar todos los elementos necesarios para la conferencia – 2 días
Puedes ver que algunas de las tareas tienen un sesgo de avance, es decir, se enumeran con el número de días necesarios para finalizarlas, mientras que

otras tienen un sesgo inverso, es decir, se enumeran con el número de días antes de la conferencia que deben realizarse.

A continuación, también tendrá en cuenta lo siguiente durante su análisis:

• Ajuste su horario para trabajar alrededor de días libres (para familia, fines de semana, trabajo misceláneo, etc.

• Algunas tareas pueden depender de otras y, por lo tanto, no pueden iniciarse antes de que se termine otra

• Tal vez alguna tarea requiera la dependencia de la realización de una tarea por parte de un compañero, por ejemplo. David tiene que proporcionar la facilidad de impresión para imprimir las invitaciones. Ahora, en este escenario, las invitaciones no se pueden enviar hasta que David complete su trabajo. Por lo tanto, la confiabilidad y la puntualidad de David deben tenerse en cuenta antes de establecer un calendario final.

Su tabla de conclusiones puede verse así:

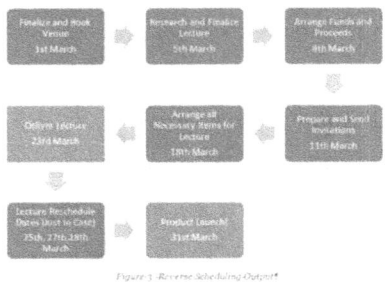

Figure 5 -Reverse Scheduling Output

Finalizar y reservar el lugar 1 de marzo
Investigar y finalizar la conferencia 5 de marzo
Organizar los fondos e ingresos 8 de marzo
Preparar y enviar invitaciones 11 de marzo
Preparar todos los ítems necesarios para la conferencia 18 de marzo
Dar conferencia 23 de marzo
Reprogramar fechas de conferencia (por i acaso) 25, 27, 28 de marzo
¡Lanzamiento del producto! 31 de marzo
Como debe haber comprendido en este sencillo ejemplo, la programación inversa es una excelente herramienta de administración del tiempo que le ayuda a:
• Planear con anticipación
• Analizar tu tiempo libre
• Considerar tus "puntos débiles"
• Proporcionar una rutina de seguridad

- Te impide entrar en pánico
- Inhibirte de intentar hacer todo de una vez o postergar
- ¡No dejar tiempo suficiente para completar una tarea vital!

En conclusión a este capítulo ...

¡Así que estas fueron algunas técnicas básicas pero muy útiles y efectivas para aprender cómo administrar el tiempo y programar sus tareas y objetivos para lograr el máximo rendimiento, el mínimo esfuerzo de trabajo y un horario de trabajo sin estrés! Ahora vamos a un nuevo tema ...

Capítulo 3: Uso de la tecnología para administrar el tiempo

Obviamente, no vivimos en la época victoriana, y el mundo ha entrado en una nueva era, una era digital donde todo es nuevo, conveniente y de fácil acceso. Las distancias se han reducido y la comunicación se ha vuelto increíblemente simple.

Entonces, ¿por qué mencionar esto? Bueno, con los avances en tecnología disponibles para nosotros, sería completamente negligente mencionar la administración del tiempo sin mencionar algunas de las herramientas tecnológicas brillantes que pueden ayudar a hacer nuestra vida más fácil.

Por lo tanto, aquí hay algunas herramientas excelentes que pueden ayudarlo a administrar su tiempo y evitar las demoras:

Planificación y organización

Para realizar cualquier tarea, la planificación y la organización son claves. Hay algunas aplicaciones y software excelentes disponibles en la web que pueden ayudarlo a facilitar su proceso de planificación. Entre ellos están:

- "RemembertheMilk": un gran organizador que le permite crear múltiples tareas y organizarlas según fechas, etiquetas, categorías, estimaciones de tiempo, ubicación, etc. Las tareas pueden posponerse y moverse. El software se sincroniza con Google Calendar y está disponible para todo tipo de plataformas.
- "Producteev": si eres un empresario o un líder de grupo, este software es para ti. El software ayuda a gestionar un equipo y organizar. También hace muchas cosas gratis.
- "Mapas mentales": si necesita asociar su organización con imágenes y trabajar de una manera más creativa, ¡los mapas mentales son para usted! ¡Revísalos y obtén ayuda para organizar tus asuntos!

Lista de tareas pendientes

Por supuesto, las listas de tareas pendientes son la piedra angular de todas las actividades de gestión del tiempo. Las siguientes son algunas herramientas excelentes que pueden ayudarlo a este respecto:

- *"Google Tasks"*: una utilidad gratuita que le permite ver, agregar y marcar tareas mientras crea categorías, jerarquías y notas
- "Checkvist": una excelente aplicación para crear esquemas y listas funcionales que se pueden usar para una variedad de propósitos. Los usuarios pueden crear listas y trabajar con otros equipos o individuos para completar un proyecto.

Checkvist es fácil de usar, versátil y tiene muchas características que lo distinguen como una herramienta imprescindible para una gestión eficaz del tiempo ...

Calendarios

Para cualquier persona consciente de administrar el tiempo, los calendarios son una necesidad. Los siguientes son algunos grandes programas que te ayudan a organizar tus días y semanas:

- *"Google Calendar"*: una excelente aplicación web gratuita ofrecida por Google. Es simple y fácil de usar. Los eventos se almacenan en línea y el calendario se puede ver desde cualquier lugar del mundo. Se pueden agregar y compartir múltiples calendarios, y los usuarios pueden colaborar con sus compañeros de trabajo y amigos con facilidad. Como siempre con Google, su producto es "simplemente" excepcional ...

• "Calendario de Yahoo": una alternativa a la versión de Google, el calendario de Yahoo permite las fuentes y los eventos tomados de los sitios que utilizan la API del calendario de Yahoo. Los recordatorios y las invitaciones se pueden compartir con los trabajadores y amigos.

• "30 Boxes": el segundo lugar en el ranking de Forbes para el mejor software de calendario basado en la Web, 30 Boxes es una herramienta de calendario útil que permite recibir retroalimentación de varios sitios de redes sociales además de retroalimentación RSS, y la opción de importar y exportar datos. También está disponible como una aplicación móvil.

Gestión de correo electrónico

Hoy en día, la administración del correo electrónico (que incluye mensajes de Facebook, redes de medios sociales, etc.) es una necesidad para quienes buscan lograr una buena administración del tiempo. Las siguientes son algunas herramientas que pueden ayudar a lograr esto:

- "Microsoft Outlook": un excelente programa para administrar diferentes cuentas de correo electrónico desde una plataforma. Puede buscar a través de correos electrónicos, etiquetar o marcar correos electrónicos con prioridades y programar tareas, anunciar reuniones, etc.
- "Mozilla Thunderbird": una poderosa herramienta para administrar el correo electrónico y el contenido. Al igual que con Outlook, está disponible tanto en línea como fuera de línea. La velocidad de Thunderbird es su característica distintiva, aparte de su excelente compatibilidad con HTML, filtros de correo no deseado y protección contra virus.

Vigilancia

¿Alguna vez te has preguntado dónde van todas tus horas de trabajo sin haber hecho mucho? Cualquiera que sea la respuesta, es cierto que dedicamos mucho tiempo a tareas triviales que dificultan nuestro progreso en el trabajo, el potencial de logros y la gestión eficaz del tiempo. Algunas de las herramientas que pueden ayudarlo a monitorear su actividad en línea incluyen:

• "RescueTime": una aplicación favorita de los usuarios, RescueTime rastrea el uso de su computadora y la divide en categorías y gráficos para una apariencia prolija y completa. El resultado es que puedes ver dónde se está perdiendo tu tiempo y luego puedes configurar los temporizadores manuales (disponibles en la aplicación) para evitar que te distraigas.

• "Chrometa": Chrometa también es un excelente rastreador y monitor, pero además de las instalaciones normales, le permite generar facturas para sus clientes directamente desde la aplicación.

En conclusión a este capítulo ...

Estos fueron algunos de los programas útiles que pueden ayudarte a aumentar tu eficiencia. Por supuesto, las búsquedas en Google te darán mucho más. Esto es solo un gusto para que usted explore el tema. ¡Utilice la tecnología para lograr el máximo rendimiento, el esfuerzo de trabajo mínimo y un horario de trabajo sin estrés! Ahora a nuestro último consejo ...

Capítulo 4: "¡Algunos consejos finales!"

Finalmente, ofrecemos algunos consejos cruciales, ejecutados y probados que deben leerse con profunda atención y con una firme intención de adherencia. Recuerde que el aspecto clave de la administración del tiempo es la voluntad y la determinación de la persona para lograr y alcanzar sus metas. Sin esto, ninguna técnica o tecnología puede ayudar a nadie. Esto es lo más importante para recordar. Además,

¡Sigue una rutina diaria!

Es muy importante tener un plan diario, una rutina que seguirá en cualquier caso, sin importar qué. Casi todas las personas que tuvieron éxito en sus vidas siguieron una rutina estricta y lograron tanto que otros solo podían soñar. La clave fue su determinación y su perseverancia en adherirse a su horario establecido.

¡La cura para la dilación está en ser activo!

¡Las personas sabias han dicho que la dilación y la pereza no tiene nada que ver con volverse activo! Puede sonar simple y directo, sin embargo, es definitivamente cierto. Nadie puede sacarte de tu pereza, excepto tu propio yo. Decídete y convéncete de que eres una persona activa y enérgica. Abstenerse de sentarse ociosamente y dedicarse a un trabajo inútil. ¡Domínate y trabaja por un objetivo mayor!

Eliminar las pérdidas de tiempo

Las pérdidas de tiempoestán a nuestro alrededor amenazando con detener nuestros logros y obstaculizando nuestro progreso hacia nuestras metas. Eliminar estos desperdicios de tiempo o transferirlos a un marco de tiempo adecuado en su rutina es una necesidad para ahorrar tiempo y evitar que se desperdicie. La pérdida de tiempo puede incluir charlas inútiles, reuniones inútiles, navegar por Facebook, comer en exceso, etc. Si, por ejemplo, le gusta ver documentales pero está tentado de verlos durante su tiempo de trabajo, entonces evite hacerlo. Más bien, ponga en su rutina un momento adecuado para ver documentales y no haga nada más durante ese tiempo. Si te gusta ir a Facebook y construir tu red, entonces fija un tiempo para esto también y no hagas nada más durante ese tiempo. De esta manera, verás que algo que consideraste inactivo se volverá constructivo de repente. Tenga en cuenta que este consejo le ayudará mucho a disciplinarse y lograr más. Finalmente, nunca hagas nada fuera de su tiempo apropiado!

¡Levantarse temprano!

"El sol no me ha atrapado en la cama en cincuenta años". ~ Thomas Jefferson

Esta es una técnica probada en el tiempo en la que se puede hacer la mayor cantidad de trabajo y demuestra lo mejor que funciona la mente de un hombre es el amanecer y después de eso. Este tiempo tiene mucha bendición y es esencial para una persona activa utilizar este tiempo para lograr el máximo beneficio. Pruébalo durante unos días y observa el efecto que tiene en ti. Además, si sucede que te quedas atascado en una tarea y no puedes resolver cómo resolverlo, posponlo hasta la mañana siguiente y luego inténtalo en ese momento. ¡Te sorprenderás de lo brillante que funciona tu mente durante las primeras horas! Haga su rutina de tal manera que utilice estas horas adecuadamente.

¡ATENCIÓN!

No te dejes de lado mientras haces una tarea. Si eres alguien que no puede realizar múltiples tareas o trabajar en un entorno ruidoso y ruidoso, organizatu lugar de trabajo. Al realizar un determinado trabajo, no se distraiga con tentaciones, llamadas telefónicas o programas de televisión. Cuando esté en el trabajo, trabaje, y cuando juegue, juegue, y no lo mezcle. Suena un poco cursi, pero es uno de los que se ha demostrado a lo largo de los años. En general, evite distraerse y organice su lugar de trabajo para lograr el máximo enfoque.

¡Guarda tiempo para tí!

Todos necesitan tiempo para relajarse y divertirse con la familia y los amigos. Asegúrese de incluir tiempo para esto en su rutina. No piense que la rutina es solo especificación de las horas de trabajo. ¡No! El hombre sabio incluye todas las cosas "vida" en su rutina. De esta manera, no estará inactivo ni aburrido, e incluso mientras hace cosas que de otra manera podrían parecer triviales, tendrá una sensación de logro. Básicamente, el tiempo guardado significa encerrar todo lo que haces dentro de un período de tiempo determinado. Siéntete libre de darte la mayor libertad de acción posible y no te sobrecargues ni apabulles. Tenga en cuenta que no hay nada bueno en una rutina que no pueda seguir. Además, recuerde que debe dejar tiempo libre entre las tareas para permitir la relajación entre el trabajo duro.

¡Aprende a decir no!

Un gran peligro para su productividad y una gestión eficiente del tiempo proviene de las personas que lo rodean. Siempre habrá alguien que te empujará para perturbar tu rutina. Pero aquí es donde entra en juego nuestro sentido de determinación para alcanzar nuestros objetivos. La forma correcta de evitar esto es aprender a decir "no" a las personas cuando obstaculizan tu progreso y delegar en tu rutina un momento para conocer gente. Entonces, cuando alguien te regaña durante las horas de trabajo, dile a la persona que estás ocupado por el momento, pero que te puedes reunir en otro momento.

¡Mantenerse sano!

La salud es absolutamente esencial para vivir una buena vida. Lo esencial para mantenerse saludable involucra dos aspectos clave: dieta saludable y sueño saludable. Sé consciente de lo que entra en tu cuerpo, ya que este es el combustible que te impulsa. Obten un buen plan de salud y síguelo, y tú mismo notará la diferencia en tu trabajo. Además, una buena noche de sueño (6-8 horas, no más, ni menos) también es crucial para lograr y mantener la salud. Recuerde que no hay mucho que una persona enferma pueda lograr. ¡Haz ejercicio diariamente, aunque sea por 5 minutos!

¡Mantenlo limpio!

Una excelente manera de sentirse fresco, evitar la dilación y permanecer mentalmente activo es mantener todo el entorno limpio y ordenado. Este es un rasgo mental de la psicología humana que ama y aprecia la limpieza y se siente incómodo con el desorden, la suciedad, etc. Cuanto más organice su entorno: su habitación, lugar de trabajo, ropa, perfume, etc., más se sentirá bien con usted mismo y con el ambiente. ¡más te sentirás confiado en probar cosas nuevas, elevar tus metas y vivir la vida que deberías vivir!

¡Ama tu trabajo!

Finalmente, una excelente manera de mantenerte motivado para trabajar (que es lo más importante para eliminar las demoras y producir una gestión eficiente del tiempo) es elegir el trabajo que más te guste. Si te apasiona lo que haces, los objetivos que te has propuesto, también te encantará esforzarse por alcanzarlos. Pero si no está satisfecho con tus metas, o si no tiene ninguna meta, te volverá como agua estancada, esperando que las algas causen estragos en tu interior. Elije lo que amas en lugar de lo que es correcto, reconoce su valor y luego no deje piedra sin mover para lograrlo. Esto solo producirá en ti un impulso tal que los inhibidores como la pereza, la dilación y el letargo casi nunca podrán vencerte ...

"No hay pasión por jugar a lo pequeño, en conformarse con una vida que es inferior a la que eres capaz de vivir". ~ Nelson Mandela

Echa un vistazo a mi otro libro en esta serie:

Lectura rápida: ahorra tiempo, lee 3-5 veces más rápido

Citas

• S.Krause, Jeffrey "Efficient Time Management" Lawtopia LLC.

• Servicio de guía para estudiantes - La Universidad de Manchester "Gestión eficaz del tiempo y evitación de la desidia"

• McGuinness, Mark "Gestión del tiempo para personas creativas (www.businessdesignonline.com)

• Equipo FME "Uso de herramientas de productividad - Habilidades de productividad"

• Langlois LICSW, Mike "Tecnología y gestión del tiempo: algunos consejos simples"

• Abbasi, Ibn Al-Hassan, "Mata'eWaqtAurKarwan-e-Ilm" (El tiempo y la caravana del conocimiento)

• http://gamertherapist.com/blog/category/gamer-therapy/ 2 de junio de 2012 Web. Dic 31, 2014

• LifeDev "Time Management Software" http: //lifedev.netTips Web. 31 de diciembre de 2014

• Cookson, Chase "3 consejos sobre cómo

usar la tecnología para mejorar las habilidades de administración del tiempo" http://blog.grantham.edu 29 de mayo de 2013 Web. 31 de diciembre de 2014

• Sheeba, Jane "La tecnología de 6 maneras puede ayudarlo a administrar el tiempo" www.janesheeba.com 6 de diciembre de 2013 Web. 31 de diciembre de 2014

Conclusión

¡Gracias de nuevo por descargar este libro! Espero que este libro le ayude a darse cuenta del valor del tiempo y le brinde valiosos elementos de reflexión y planes de acción para administrar su tiempo y llevar una vida más saludable y productiva.

www.ingramcontent.com/pod-product-compliance
Lightning Source LLC
Chambersburg PA
CBHW071908070526
44583CB00016B/1895